팔만대장경

8

누구나 다 알지만
잘 안읽은 이야기

8

누구나 다 알지만
잘 안읽은 이야기

팔만대장경

말씀한 이: 부처님

엮은이: 신현득

그림그린이: 송교성

솔바람

차례

3 소도 칭찬을 좋아한다

책머리에

팔만대장경은 이야기의 산이지요

국보 32호 팔만대장경은, 나라의 보물입니다. 유네스코에서 세계 기록유산으로 지정한 세계의 보물이기도 합니다.

해인사 대장경은 고려 고종 임금 때 몽고가 침입하자, 부처님 힘을 빌어 나라를 지키기 위해서 1237년부터 16년 동안에 이룩한 것입니다. 호국정신에서 이룬 국가사업이었습니다.

그것은 우리 조상님들이 부처님 말씀 모두를 한 자씩 나무에 새겨서 만든, 8만 1천 258매의 경판입니다.

우리 조상님들은 이 한 자, 한 자를 새기면서 외적이 물러나서 나라에 평화가 오기를, 국민 모두 잘 살게 되기를, 후손이 잘되기를 빌었다 합니다. 팔만대장경은 우리 조상님들이 쌓은 정성더미입니다.

여기에 새겨진 부처님의 가르침은 아주 알기 쉬운 것입니다. 지키기도 쉬운 것이지요. 그 말씀을 다음 몇 마디로 간추릴 수 있습니다.

—착한 일을 하라. 착한 일을 하면 복이 온다. 나쁜 일을 하지 말라. 나쁜 일을 하면 화를 만난다.

이 가르침은, 착한 일을 한 만큼 복이 오니 착한 일을 많이 하라는 가르침입니다. 이것은 하나의 과학이지요. 나쁜 일을 한 사람에게 복이 오는 일은 절대 없으니까요. 부처님의 말씀 전체가 '복 짓는 방법 배우기'입니다.

인류의 스승이신 부처님은, 지구촌 모두가 그 가르침을 실천해서 복받기를 바라셨습니다. 그래서 더 쉽게 부처님 공부를 할 수 있도록, 재미있는 이야기를 곁들이셨어요. 이것이 '불교 설화', '불교 동화'입니다.

부처님이 들려주신 이야기는 많고 많아서 몇 편이 되는지는 아직까지 밝혀내지 못하고 있습니다. 간단히 '이야기의 산'이라 하면 될 것입니다. 팔만대장경은 복 짓는 이야기의 산입니다.

그래서 지구촌 사람들은 부처님을 세계 최초의 이야기 할아버지로 부르게 되었고, 부처님 말씀인 팔만대장경이 세계 아동문학의 보배 창고인 걸 알게 되었습니다.

부처님은 "나는 수많은 전세상에서 복을 지어 부처가 되었다." 하고, 전생 이야기를 많이 하셨는데 이를 '본생담'이라 합니다.

부처님은 전생에, 착한 코끼리의 왕, 착한 원숭이의 왕, 착한 사슴의 왕, 착한 토끼의 왕, 착한 공작새의 왕, 착한 물고기의 왕으로 있으면서 착한 일로 공덕을 쌓아 부처님이 되셨습니다.

본생담 547개 이야기를 하나로 엮은 '본생경'이 이루어진 것은, 기원전 4세기였습니다. '세계 아동문학사'에서 본생경을 세계 최초의 동화집으로 기록하고 있습니다. 이 이야기를 모두 부처님이 하셨으니 부처님은 세계 최초의 동화작가셨습니다.

부처님이 들려주신 이야기 산의 일부인 본생경을 '자타카'라고도 하는데, 자타카가 유럽에 전해져서 이솝이야기의 일부가 되었다는 것은 퍽이나 흥미 있는 사실입니다. 몇 가지 이야기만 찾아볼까요?

대머리에 붙은 파리를 잡기 위해 몽둥이로 사람을 다치게 한 본생경 44번째 「모기의 전생이야기」가 이솝이야기의 「대머리 남자와 파리」가 되었습니다.

본생경 189번째 「사자 가죽을 쓴 나귀」가 같은 제목의 이솝이야기 「사자 가죽을 쓴 나귀」가 되었지요. 사람들이 사자 가죽을 쓴 나귀를 사자로 알고 있었는데, 그 나귀가 나귀 울음소리를 냈다가 본색이 드러난 이야기입니다.

암코양이가 나뭇가지에 앉은 닭을 속여서 잡아먹으려다 실패하는, 본생경 383번째 「닭의 전생이야기」는 이솝이야기 「여우와 닭」이 되었답니다.

이처럼 팔만대장경은 이야기의 산이요, 인류의 보물입니다.

이 책 『누구나 다 알지만 잘 안읽은 이야기 팔만대장경』 4권까지는 엮은이가 2011년 1월부터 2012년 12월까지 법보신문에 연재한 『신현득 할아버지의, 부처님이 들려주신 이야기란다』에서 주로 뽑은 것입니다. 이제 5권부터는 부처님의 ‘자타카’를 다시 읽고 조금씩 다시 쓴 이야기도 있습니다.

독자들은 우리 조상들이 호국정신에서 이룩한 이 팔만대장경에서 부처님이 들려주신 복 짓는 여러 지혜를 배우게 될 것입니다.

어른들은 어린이에게, 어린이들은 어른에게 서로 읽어주며 이야기 나누는 책이 되길 바랍니다.

1

못난이 공주

보물섬에 이르러 보물을 캐기 시작했습니다. 값비싼 진주가 많았습니다.

사람들은 자기 힘에 겹도록 보물을 캐어 짊어졌습니다.

"그런데 저 선탄 장자가 캔 하얀 구슬이 제일이야. 이것 모두를 합쳐도 그 값이 안 될 걸."

어느 보석 상인이 말했습니다. 선탄이 캔 보물은, 원하는 것이면 무엇이나 나타나는 여의주였습니다.

그런데, 사람들이 목이 마르다 했습니다. 선탄이 물을 찾아 나섰습니다. 보물섬을 한 바퀴 돌아서 우물 하나를 발견했습니다.

선탄이 우물로 사람들을 데리고 왔습니다.

"여기 물이 있어요. 어서 물을 마셔요."

두레박을 만들어 물을 길렀습니다. 마지막으로 선탄이 물을 마셨습니다. 그때였습니다. 악질 상인 여럿이서 선탄을 밀어 우물 속으로 떨어뜨렸습니다. 큰 바위를 굴려 와서 우물 위를 덮은 다음 구멍을 막았습니다.

"이만하면 살아나지는 못할 걸. 선탄의 하얀 구슬은 우리 것이다."

악질 상인들은 선탄의 보물을 팔아서 돈을 나누어 갖기로 했습니다.

상인들이 자기 나라로 돌아가자 국왕이 물었습니다.

"선탄 장자는 왜 돌아오지 않는가?"

상인들이 대답했습니다.

"저희들은 장자가 간 곳을 잘 모릅니다.

"너희들과 함께 배를 타고 간 것을 알고 있다. 장자가 간 곳을 모르다니?"

"아닙니다. 저희들은 정말 장자를 보지 못했어요."

악질 상인들은 거짓말을 둘러대었습니다.

한편, 우물에 빠진 석탄은 한참 만에 정신을 차렸습니다. 깊은 우물이었지만 목숨을 잃지는 않았습니다.

"살아야 한다!"

그런데 깊은 우물 속에 햇빛 한 줄기가 비치고 있었습니다. 자세히 살펴보니 우물의 옆쪽으로 사람 하나가 겨우 빠져나갈 만한 동굴이 뚫려 있었습니다. 상인들이 이 구멍을 보지 못하고 메꾸지 않았던 것입니다. 선탄은 우물 벽을 기어올라 겨우 구멍으로 빠져 나왔습니다. 선탄이 뗏목을 모아 바다를 건넌 것은 여러 달 뒤의 일이었습니다.

"선탄 장자가 형편 없는 몰골로 돌아왔다."

나라 안에 소문이 퍼졌습니다. 지친 선탄이 국왕을 뵈었습니다.

"대왕님 보물섬에 가서 많은 보물을 캐기는 했습니다만 오다가 풍랑을 만나 모두 잃었습니다. 빈 몸으로 돌아오게 되어 죄송합니다."

왕은 모든 것을 알아차렸습니다.

"악질 보석상인들이 장자를 해친 것이 틀림없다. 그들을 모두 잡아들여라!"

며칠 뒤, 보석상인들의 죄가 드러났습니다.

"장자의 것을 돌려 주어라! 너희들은 모조리 감옥에 넣겠다."

모든 것이 밝혀지자 선탄은 왕에게 악질 상인을 용서해 주도록 부탁했습니다. 보물을 도로 찾은 선탄은 자선사업을 시작했습니다.

"쌀 나오너라, 나와!"

하얀 구슬에서 쌀이 술술 나왔습니다. 여러 개 창고를 짓고, 쌀섬을 쌓았습니다. 금과 은과 옷이 나오게 하여 창고에 그득그득 쌓았습니다.

그리고 찾아오는 가난한 사람들이 원하는 것을 넉넉하게 안겨주었습니다. 선탄 장자는 세상에서 이름난 자선가가 되었습니다.

(육도집경 보시도 무극장)

100 왕자의 어머니

암사슴이 사람의 딸을 낳았습니다.

딸아기는 아주 예쁘게 자랐습니다. 희한한 일입니다. 딸아기가 디디는 발자국마다 연꽃이 솟아납니다.

사슴 딸은 자라서 더 예쁜 아가씨가 되었습니다. 나라의 젊은 왕이 사슴 딸을 왕비로 맞아들였습니다. .

'우리 왕비님은 너무 예쁘셔'

신하들이 생각했습니다. 나라사람들도 같은 생각이었습니다.

그런데 야단이 났습니다.

왕비가 하루에 하나씩 알을 낳는 것입니다. 100날 동안 100개의 알을 낳았습니다.

"이건 좋은 징조가 아니다."

왕은 신하를 시켜 알을 상자에 담아서 강에 내다 버리기로 했습니다.

강 하류에 큰 나라가 있었습니다. 그 나라 왕이 왕궁을 돌아 흐르는 강을 내려다보고 있었습니다.

"저 상자에 뭣일까?"

왕은 기쁜 마음으로 상자의 뚜껑을 열었습니다.

"알이로군. 모두 100개다!"

왕이 놀라면서 말했습니다.

"우리 이 알을 깨어 보자."

궁중의 여자들 100명을 모았습니다. 한 사람에게 알 하나씩을 주어서 따듯하게 품어 주도록 했습니다. 알에 깨어난 것은 모두 사내 아기였습니다.

100명의 쌍둥이 왕자를 얻은 왕은 알을 깬 100명의 여자를 유모로 정했습니다.

"이 왕자들을 말 없이 잘 키우도록 하라. 잘 키우도록 하라."

왕은 부탁을 되풀이 했습니다.

아기 왕자들은 잘 자랐습니다.

왕은 이름난 바라문 스승을 모셔 놓고 100명의 왕자를 가르치게 했습니다. 그런데 왕자들은 이미 학문을 다 알고 있었습니다. 병법을 가르치려 했으나 이미 병법을 다 알고 있었습니다.

힘세고 지혜롭고 인물 좋은 왕자들이었습니다. 목소리는 사자의 울부짖음 같았습니다.

왕은 이들을 위해 흰 코끼리 100마리를 준비했습니다. 코끼리에 보배 안장을 얹고 굴레를 갖추었습니다. 그리고 각각 한 마리의 군사 코끼리에 올라앉게 해서 장군을 삼았습니다.

"이만하면 나라의 방위는 걱정 없다."

하고 왕은 기뻐했습니다.

그런데 이웃나라들이 이것을 모르고 힘을 모아 한꺼번에 변방을 침범했습니다. 변방의 백성들이 적군에게 쫓겨 오고 있었습니다.

100명의 장군은 군사를 나누어 거느리고 이웃나라 침략자들을 쳐부수었습니다. 적국 나라 중에는 100명 왕자를 낳아준 나라도 있었습니다.

"100명의 쌍둥이?"

왕비 사슴딸 부인이 알아차렸습니다.

왕은 옥좌에 앉아서 소리치고 있었습니다.

"나라는 바람 앞의 등불이다! 누가 이 위기를 구하겠는가?"

"내가요, 이 왕비가 구하겠어요. 명령을 내려 주세요."

명령을 받은 왕비는 성문의 누대 위에 올라갔습니다. 적군이 세 겹으로 성을 둘러싸고 있었습니다.

누대에 오른 사슴딸 부인이 왕자들을 향해 소리쳤습니다.

"얘들아, 백 명의 쌍둥이들아! 세상에서 어버이에게 반역하는 것보다 더 큰 죄는 없다. 너희들이 어리석어서 모국을 무기와 군사로 위협하고 있구나. 이 나라의 대왕은 너희 아버지고, 나는 너희들 어머니다!"

신통력이 있는 사슴딸 부인의 목소리는 쌍둥이 왕자 나라의 모든 군사에게 똑똑히 들렸습니다.

그러자 슬기로운 쌍둥이들은 부인의 말을 알아들었습니다. 100명은 곧 한 자리에 모였습니다.

"우리의 출생에 대해서는 이상한 점이 참으로 많았다. 어떻게 한꺼번에 100형제를 낳을 수 있는가? 위대한 부인이 아니면 안 되었을 것이다."

"지금의 대왕님은 우리를 강에서 얻었다고만 하신다. 100개의 알에서 태어났다고 하시는데, 그렇다면 어디엔가 우리를 낳으신 부모님이 계시는 게 아닌가?"

"그렇다. 마침 이 나라는 강의 상류에 있다. 우리가 이 나라에서 태어났는지도 몰라."

여기까지 이야기한 왕자들은 소리를 합쳐 부인에게 외쳤습니다.

"부인 그렇다면 우리의 어머니라는 증거를 보여 주세요."

부인이 외쳤습니다.

"내가 여기서 내 가슴의 젖을 짜겠다. 너희들이 진정 내 아이라면 이 젖이 너희들 입으로 들어갈 것이다!"

부인은 곧 가슴을 헤치고 젖을 짰습니다.

하얀 젖이 뻗어, 100개의 가는 물줄기를 이루었습니다. 그 젖줄기 하나 하나가 군사 코끼리에 올라탄 쌍둥이왕자의 입에 흘러들어갔습니다.

“아, 우리는 진정으로 어머니의 젖을 처음 먹어 본다.”

100명의 왕자는 그 자리에서 울음을 터트렸습니다.

100명은 코끼리에서 내려, 무기를 놓았습니다.

그리고 열린 성문을 지나 아버지와 어머니를 뵈러 들어갔습니다.

전쟁은 끝나고 세계에는 평화가 왔습니다.

(육도집경 보시도 무극장 23번째 이야기)

Venus of Willendorf

못난이 공주

사위국 바사닉왕의 파사라 공주는 아주 못난이였습니다.

"공주가 못생긴 것은 왕가의 수치다. 저 아이를 사람들 눈에 띄지 않게 가두어서 길러라."

왕은 유모 하나를 두고 대궐에서 구석진 집을 주어, 공주를 숨겨 기르도록 했습니다.

공주가 차츰 자라 결혼할 나이가 되었습니다,

"저걸 시집보내야 하는데, 걱정이구나."

왕은 가난하지만 집안과 사람이 좋은 젊은이 한 사람을 불렀습니다.

왕은 젊은이에게 말했습니다.

"나에게 공주가 있네. 사실은 공주가 너무 못생겨서 그래. 이제 결혼할 나이가 되었지. 어떤가, 자네가 내 부마가 되어 줄 텐가?"

이 말을 들은 젊은이는 바사닉왕 앞에 꿇어앉으며 말했습니다.

"대왕님, 어찌 제가 감히 공주님을 마다하겠습니까. 기꺼이 아내로 맞아 들이겠습니다."

'고맙네, 못난 공주를 맞아 주겠다니. 그런데 약속이 있네, 절대로 공주의 모습을 남에게 보여 줘서는 안 되네. 아내가 공주라는 말을 해서도 안 되네. 나에게 장인이라는 호칭을 써서도 안 되네. 이것을 일체 비밀로 하세. 그 대신 내일부터 자네를 내 신하로 채용하겠네."

왕은 젊은이와 파사라 공주를 남몰래 결혼시켰습니다. 그리고 대궐 경내 공주의 집에서 같이 살게 했습니다.

젊은이는 방 안에서 공주와 같이 지내다가 대궐로 출근할 때는 대문에 자물쇠를 채웠습니다.

부처 성형외과
일타 의사선생님 맞죠?
견적이
안 나올 수도 ......

대궐에서는 자주 잔치가 있었습니다. 벼슬아치들은 부인과 같이 잔치에 참석했습니다. 그런데 대감이라 불리게 된 높은 벼슬아치의 젊은이 한 사람만은 언제나 아내를 데리고 오지 않았습니다.

“이상하다. 저 대감은 부인이 없지 않을 텐데?”

한편, 공주는 거울을 들여다보면서 자기 얼굴이 못난 것을 한탄하고 있었습니다.

‘나는 전생에 무슨 죄를 지었기에 못난이로 태어나 어려서부터 부모님 앞에 나서지도 못하는 것일까? 결혼을 하고도 갇혀 살아야 하나?

그러다가 파사라 공주는 부처님께 소원을 빌어 보면 어떨까 하는 생각을 했습니다. 공주는 부처님이 계시는 기원정사를 향해 합장을 했습니다.

“부처님, 부디 못난이 저에게 자비를 베푸시옵소서.”

그러자 기도하고 있는 방바닥이 쩍 갈라지면서 부처님이 머리카락부터 모습을 나타내기 시작했습니다.

부처님의 머리카락을 보는 그 순간 차사라의 뻣뻣하던 머리카락이 부드러워졌습니다.

부처님의 이마를 보는 순간 파사라공주의 비뚤어졌던 이마가 바로잡혔습니다. 부처님은 천천히 솟아오르고 있었습니다.

부처님의 눈과 눈썹을 보는 순간 공주의 눈과 눈썹이 예뻐졌습니다. 부처님 얼굴을 보는 순간 공주의 얼굴이 예뻐졌습니다.

부처님의 서른 두 가지 잘난 모습을 보는 순간 공주의 몸은 모두 예뻐졌습니다.

"부처님 고맙습니다!"

공주는 부처님을 우러러보았습니다.

"착한 마음씨 덕분이다. 이제 공주는 세상에서 견줄 사람이 없는 미인이 되었다."

이 말씀을 남기고 곧 부처님은 모습이 사라졌습니다. 방바닥은 전과 같이 되었습니다.

이날 밤 잔치 때였습니다. 벼슬아치들은 일부러 젊은 대감에게 술을 많이 권했습니다. 젊은이가 술에 취하자 신하들은 그의 주머니에서 열쇠를 꺼냈습니다.

제일 낮은 벼슬아치 두 사람에게 열쇠를 주어, 문을 열고 젊은 대감의 부인을 보고 오도록 했습니다.

두 사람이 자물쇠를 열고 공주의 방으로 들어갔습니다.

공주는 예쁜 모습, 예쁜 차림으로 두 사람을 반겼습니다. 두 사람은 공주의 모습을 보고 그만 놀라고 말았습니다.

"용서하십시오. 우리는, 궁중의 잔치에서 대감이 부인을 데리고 나오시지 않는 이유를 이제야 알았습니다. 부인이 저처럼 고운 모습이시니 남들이 보고 놀랄까 해서였을 것입니다.

벼슬아치들이 이렇게 인사를 했지만 이 부인이 공주라는 사실은 아직 알지 못했습니다.

두 사람은 돌아가서 술에 취해 잠이 든 젊은 대감의 주머니에 열쇠를 도로 넣었습니다. 그리고 자기들끼리 모여서 부인을 보고 온 이야기를 나누었습니다.

잔치를 끝내고 집에 돌아온 젊은 대감은 방문을 열어 보고 깜짝 놀랐습니다.

"이거 아직 술이 덜 깨서 헛것이 보이는 건가, 아니면 집을 잘못 찾아 들어온 건가?"

공주의 남편이 멈칫하자 공주가 나서서

"아니. 저여요. 틀림없는 파사라 공주여요." 하고 남편을 맞아들였습니다.

공주는 남편에게 있었던 이야기를 모두 했습니다.

"고마운 부처님이시다. 그럼 내일 잔치에는 같이 가도록 합시다."

젊은이는 이 기쁜 소식을 우선 파사닉왕에게 알리기 위해 달려갔습니다.

(찬집 백연경 79번째 이야기)

슬기의 빨간 개

왕의 동산에 한 사람의 수행자가 수도하고 있었습니다.

왕은 자주 수행자를 불러, 나라 일을 의논했습니다. 그러다가 나라의 재판을 맡아서 보게 하였습니다. 수행자의 재판이 공정했으므로 국민들이 좋아했습니다.

수행자가 왕궁에 들를 때면 궁문을 지키는 털빛깔이 빨간 개가 수행자를 반겼습니다. 수행자는 빨간 개가 귀여워서 머리를 쓰다듬어 주곤 했습니다. 빨간 개는 슬기로웠습니다.

12년의 세월이 흘렀습니다. 수행자의 공정한 재판 때문에 뇌물을 얻어먹지 못하게 된 신하들이 수행자를 모함하게 되었습니다. 한 사람의 대신이 왕에게 거짓말을 했습니다.

"대왕님, 저 수행자가 우리 대왕님에 대해서 나쁜 일을 꾸미고 있습니다."

"그게 무슨 말인가? 그렇지 않소."

왕은 신하들의 말을 믿으려 하지 않았습니다.

"대왕님, 그것은 모르시는 말씀입니다. 저 사람이 이 바라나시 성내 사람들을 모두 손안에 넣고 있습니다. 그 손안에 들어가지 않은 것은 우리 다섯 대신들뿐입니다."

그 말을 듣고 왕은 수행자에 대해 약간의 의심을 갖게 되었습니다.

아침에 왕은 왕궁 바깥을 내다보았습니다. 수행자가 왕궁으로 들어오는데 많은 군중이 뒤따르고 있었습니다. 그 사람들은 모두 재판관인 수행자를 따라 재판을 하러 오거나 재판 구경을 하러 오는 사람들이었습니다. 그런데 왕은 그들이 모두 수행자의 지지자라고 생각했습니다.

'대신들의 말이 옳구나. 그러나 수행자가 12년이나 우리 왕국에서 보수 없이 봉사해 왔는데. 체포할 수는 없다. 대우를 낮추자.'

첫날에 왕은, 방석이 없는 자리에 수행자를 앉게 했습니다. 수행자는 왕의 마음이 변한 것을 알아차렸습니다. 그것이 대신들의 모함 때문이라는 것도 알았습니다.

전에는 왕과 같은 음식이 나왔는데 그날부터 왕의 것보다 등급이 낮은 비빔밥이 놓였습니다.

사흘째 되는 날에는 비빔밥을 둘째 계단에 놓아서 왕과 같은 높이의 자리에 앉지 못하게 했습니다.

나흘째는 싸라기죽을 제일 아래쪽 계단 밑에 두었습니다. 제일 낮은 계단에도 오르지 못하게 한 것입니다. 수행자는 아무 소리 않고 싸라기죽을 동산에 가지고 와서 먹었습니다.

그러자 왕은 대신들을 모았습니다.

"저 사문은 아무리 학대해도 떠나려 하지 않소."

"대왕님, 그 사문은 음식이 목적이 아닙니다. 대왕의 왕위를 노리고 있습니다. 대왕님, 내일은 그를 처형합시다."

"그럽시다."

그런데, 이튿날 아침 빨간 개가 왕궁의 정문 문지방을 베고 누워 있다가 수행자가 오자 큰소리로 짖어댔습니다.

"멍멍멍! 왕이 대신들에게 칼을 주어 존자의 목숨을 없애려 합니다, 지금 대문 안쪽에 자객이 숨었어요. 멍멍멍!"

동물의 말을 아는 수행자는 이제야말로 몸을 숨기지 않을 수 없게 되었습니다. 그는 동산으로 가서 짐을 챙겼습니다.

왕은 수행자가 궁궐에 나타나지 않은 것을 알았습니다.

“수행자가. 정말 바라나시 백성을 모두 거머쥐고 왕권을 노린다면 오늘 군사를 일으킬 것이다.”

왕은 곧 동산에 가 보기로 했습니다. 사문의 초막에 다 가도록 군사가 움직이는 아무 기색도 보이지 않았습니다.

왕은 자기의 생각이 잘못이었음을 알았습니다. 그리고 크게 뉘우쳤습니다. 그러다가, 거처를 옮기기 위해 짐을 싸 가지고 나오는 수행자와 마주쳤습니다.

왕이 합장하고 물었습니다.

“존자님, 어디를 가시려고 지팡이와 짐을 챙겨가지고 나오십니까?”

수행자가 대답했습니다.

"나는 12년 동안 대왕의 곁에서 일했습니다. 그런데도 오늘, 빨간 개가 아니었더라면 목숨을 잃을 뻔했어요."

"대덕이시여, 제가 잘못했습니다. 아무쪼록 저의 곁에 이대로 머물러 주십시오."

"안 됩니다. 남의 말만 듣고 행동하는 대왕의 곁에는 있을 수가 없어요."

수행자는 훌쩍 동산을 떠나고 말았습니다.

(본생경 528번째 이야기)

왕자와 사제의 아들

마갈타국 둘째 왕자와 사제관의 아들이 같은 날 태어났습니다. 사제관의 아들 이름은 다리무카였습니다. 왕자와 다리무카는 궁중에서 쌍둥이처럼 자라면서 친한 동무가 되었습니다.

두 사람은 열여섯살이 되었을 때부터 탁실라에 유학하여 온갖 학예를 배웠습니다. 학문이 끝난 다음 두 사람은 여러 나라의 시골과 도시를 돌아다니며 풍습을 익히기로 했습니다

두 사람은 바라나시로 와서 왕의 동산에 이르렀습니다.

이 날은 바라나시의 왕이 세상 떠난 지 이레째 되는 날이었습니다.

그런데 왕에게는 왕자가 없었습니다. 누구를 왕으로 삼을 것인지 온 국민이 관심을 모으고 있었습니다. 뒤를 이을 왕이 정해지지 않았으므로 사제관은 왕의 장례를 얼마 동안 늦추었다가 오늘 장례를 치르는 것입니다.

장례의 수레는 코끼리 군사, 수레 군사, 기병, 보병 등 네 군사의 호위를 받고 수천의 악기로 슬픈 조가를 연주하면서 수도의 성문을 나서서 왕의 동산 입구에 이르고 있었습니다. 다리무카는 악기의 소리를 듣고 깨달았습니다.

'저 행렬이 내 친구 마갈타의 둘째 왕자한테로 오고 있다. 마갈타의 둘째 왕자를 바라나시의 왕으로 삼을 모양이다. 친구가 왕이 되면 나에게 대장군의 지위를 줄 테지?'

그런데 그게 아니었습니다. 다리무카는 대장군의 지위보다는 출가를 하고 싶었습니다. 그는 몰래 왕자의 곁을 떠나, 숨어서 왕자의 거동

을 보기로 했습니다.

이 나라의 사제관은 왕의 동산 입구에서 장례차를 멈추었습니다. 그리고 의자에 앉아있는 왕자를 찾아왔습니다. 왕자의 발바닥에 좋은 상이 있음을 확인한 다음 사제관이 말했습니다.

"이 미갈타의 둘째왕자는 왕이 될 훌륭한 상을 갖추었습니다 "

하고 발표를 했습니다.

왕자의 용기가 있는가를 알기 위해서 사제관은 수천 개 악기를 한꺼번에 소리나게 했습니다.

"쨍―!"

왕자는 놀라는 표정은 아니었습니다. 사제관은 왕자 앞에서 무릎을 꿇었습니다.

"왕자님! 당신이 우리나라의 대왕님이 돼 주십시오!"

왕자는 왕을 허락했습니다. 곧 그 자리에서 관정식을 가졌습니다.

이제 왕의 장례가 끝나면 새 왕은 친구 다리무카에게 대장군의 지위를 줄 생각이었습니다. 그런데 친구 다리무카를 찾을 수가 없었습니다.

숨어 있던 다리무카는 나뭇잎이 지는 것을 보았습니다.

'나뭇잎이 진다. 모든 것은 영원하지 않다. 왕의 지위도, 장군의 지위도……'

그 때 문득, 대지가 진동하더니 다리무카는 벽지불이 되었습니다..

다리무카 벽지불은 불가사의한 힘을 갖게 되었습니다. 가사가 허공에서 내려와 몸에 입혀졌습니다. 바루가 허공에서 내려와 손에 놓였습니다.

벽지불은 신통력으로 허공을 날아 히말라야산 난다무라 굴에 이르렀습니다.

바라나시의 왕이 된 왕자는 바르게 나라를 다스렸으므로 명성이 세상에 떨쳤습니다. 그러나 다리무카의 소식이 궁금했습니다.

그러나 다리무카를 보았다는 사람은 없었습니다. 다리무카가 있는 곳을 알려주는 사람에게는 크게 상을 준다는 광고를 했지만 다리무카의 소식을 아는 사람은 나타나지 않았습니다.

10년이 지나고, 50년이 지났습니다. 히말라야산 난다무라 동굴에 있던 다리무카는 왕이 자기를 그리워하는 줄 알고, 자기도 왕을 만나 보고 싶다는 생각을 하게 되었습니다.

'이제 왕은 늙은이가 되었을 것이다. 많은 왕자, 왕녀를 두고 있을 것이다. 가서 그를 만나 설법을 하고 출가를 시키리라. 왕의 자리보다는 출가의 길이 몇 배 행복하다는 것을 가르쳐 줘야지.'

다리무카는 허공을 날아 왕의 동산에 이르렀습니다.

동산지기가 허공에서 날아 내린 다리무카를 보고 놀라와하며 물었습니다.

"현자여 당신은 어디서 오셨습니까?"

"히말라야의 난다무라 굴에서 왔소. 나는 이 나라 왕을 잘 알지요. 나는 다리무카요."

"현자여 대왕님은 당신을 만나보고 싶어하십니다."

동산지기는 곧 왕에게 알렸습니다. 왕은 대중의 호위를 받으며 동산으로 나가 다리무카 벽지불을 만났습니다.

"대왕이여! 당신은 바른 법만으로 백성을 돌보셨으니 잘한 일입니다. 대왕이여, 이제 당신은 노경에 이르렀습니다. 출가하여 도를 닦으시지요."

벽지불은 설법을 계속했습니다.

왕은 다리무카 벽지불의 설법을 듣고, 그의 권유를 따르기로 했습니다. 왕은 왕자를 불러 정사를 맡기고 벽지불을 따라 나섰습니다. 두 사람은 옛날과 같은 친구가 되었습니다. 두 친구가 나란히 히말라야로 향해 걷고 있는 모습이 참으로 아름다웠습니다.

(본생경 378번째 이야기)

의심딸 아가씨

어떤 수행자가 히말라야에서 도를 닦고 있었습니다.

수행자가 수도하는 초막에서 가까운 연못에는 한 번 피었다가 지지 않는 연꽃이 있었습니다.

수행자가 의심이 나서 꽃잎을 뒤져 보았더니 연꽃 속에 작고 귀여운 딸 아기가 태어나 있었습니다.

수행자는 아기를 데려다가 잘 길렀습니다.

"하늘에 살다가 연꽃 속에 와서 태어난 것이 틀림 없다. 연꽃이 왜 지지 않는가 의심하다가 얻었으니 의심딸이라 이름을 짓자."

수행자는 아기의 이름을 '의심딸'이라 했습니다.

도리천의 왕 제석이 와서 신통력으로 수정으로 궁을 지어 주었습니다. 수정궁 안에 하늘나라에서 까는 자리와 하늘 옷을 두고 갔습니다.

어느 나라 총각 임금이 수행자의 초막에 찾아와서 의심딸 아가씨를 왕비로 삼고 싶다고 했습니다.

"그러렴. 그러나 내 딸 이름을 알아맞혀야 내어 주겠소."

수행자는 조건을 붙였습니다.

총각 임금은 같이 온 대신들을 모으고, 군사들을 모았습니다. 아가씨의 이름이 무엇일까 알아내려고 의논을 했습니다. 여자의 이름이 될 만한 것을 모조리 적어서 수행자에게 갔습니다.

"이들 이름 중의 하나일 것입니다."

수행자는 아니라며 고개를 저었습니다.

아가씨의 이름을 생각하는 동안, 한 해가 지났습니다. 그 동안 총각 임금은 독사와 파리에 시달렸습니다.

"그만 두고 돌아가자!"

총각 임금은 신하와 군사를 거느리고 돌아가기로 마음먹었습니다.

그 때 수정궁 문을 열어놓고 아가씨가 웃으며 내려다보고 있었습니다.

"낭자여, 나는 낭자의 이름을 알 수 없소. 1년이 지나도록 이름을 맞추지 못했으니 이제 돌아가려오."

총각 임금의 말을 듣고 아가씨가 말했습니다.

"대왕님, 대왕님이 저의 짝이 되려면 끈기가 필요해요. 하늘나라 사람들은 천년에 한 번 여는 과일 나무를 두고, 천년을 기다리기도 하는데요."

총각 임금은 아가씨의 말에서 용기를 얻었습니다. 그는 다시 대신과 군사들을 모아놓고 이름 수수께끼를 풀려고 애썼습니다.

다시 1년이 지났습니다. 그러나 이름을 알아맞히지는 못했습니다.

"정말 이젠 돌아가야겠다!"

그 때 수정궁의 아가씨가 말했습니다.

"대왕님, 겨우 2년을 보내고 지치셨나요?"

"낭자의 이름은 알 수 없소. 낭자는 언제나 거기서 사세요. 나는 돌아가야겠소."

"희망은 기다리는 자에게만 옵니다. 더 기다리세요."

이야기를 듣고 보니 총각 임금은 떠날 수 없게 되었습니다.

다시 1년이 지났습니다.

"이제는 정말 돌아가야겠다."

임금은 군사들에게까지 돌아갈 준비를 시켰습니다.

그러자 수정궁의 아가씨가 말했습니다.

"대왕님 왜 돌아가려 하시나요?"

의...... 자로 시작되는 이름?
의자왕? 의상대사? 의형제?
의남매? 의붓자식? 의리왕?
의심병? 의시대? 의문사?
의시시? 의랏차? 의따매?
의심해? 의심혀? 의심짱?
의심~ 따?
의심~ 또?
의심~ 달?
의심~ 을? 마지막 으루다가 ....
의심~ 돌?

총각 임금은 화를 내었습니다.

“듣기 싫소. 낭자는 말만 가지고 나를 꾀고 있소. 나는 낭자의 달콤한 말에 3년 세월을 부질없이 보냈소. 이제 가야겠소. 내 군사도 지쳤고 군량도 다 떨어졌소. 남은 것은 뜻대로 되지 않는 세상을 의심하는 일 뿐이오.”

그러자 아가씨가 손뼉을 치면서 말했습니다.

“맞았어요. 제 이름은 그 ‘의심’이어요. 의심에다가 한 가지만 더 붙여 보셔요.”

“뭐 뭐 ‘의심’이라고? 의심 다음에는 딸이겠지. ‘의심딸’이오?

“맞았어요. 이제 알아맞힌 거여요.”

총각 임금은 ‘의심딸’ 석자를 크게 써 가지고 수행자에게 갔습니다.

“존자님, 당신의 딸은 의심딸입니다.”

“3년 만에 맞혔군. 끈기의 대왕이오.이제 의심딸을 데려가도 좋소.”

총각 임금은 의심딸을 데리고 왕궁으로 돌아갔습니다. 의심딸을 왕비로 삼았습니다. 그리고 끈기와 용기가 있는 임금이 되었습니다.

(본생경 380번째 이야기)

2

세상의 시작

재난은 무서워

어느 나라에 백 년이 넘도록 풍년이 들었습니다. 태풍은 이름조차 없었습니다. 화재가 나는 일도 없었습니다. 전염병이 돌지도 않았습니다.

어리석은 이 나라의 왕은 이것이 싫었습니다. 그래서 신하를 시켜서 재난이 많다는 이웃 나라에 가서 비싼 값을 주고 재난을 사오게 했습니다.

재난은 아기 돼지 모양으로 예쁘게 생긴 괴물이었습니다.

"드디어 우리나라에도 재난이 나타났다. 이 재난은 무엇을 먹나?"

왕은 재난을 반기면서 무엇을 먹일까, 생각했습니다.

"어렸을 때는 날마다 바늘 한 되씩을 먹는다 하옵니다. 자라면서 더 많은 먹이가 필요할 것이옵니다. 바늘 외는 먹지 않는다 하옵니다."

"이 귀여운 재난은 바늘만을 먹는다니, 전국에서 바늘을 거두어 들이도록 하라."

왕이 지극히 아끼는 어미 재난은 바늘을 먹으며 계속 자랐습니다. 자랄수록 더 많은 바늘 먹이를 먹게 되었습니다. 전국 가정에 있는 바늘을 거둘만큼 다 거두었습니다.

이제부터 여러 개 대장간을 짓고 대장장이를 불러다가 바늘을 만드는 수밖에 없게 되었습니다. 괴물이 아기 돼지 크기일 때는 한 끼에 바늘 한 되씩을 먹다가, 황소 크기가 되고부터는 바늘 한 말씩을 먹게 되었습니다. 재난의 먹이인 바늘을 만드느라 온 나라가 아우성이었습니다.

신하들이 왕에게 여쭈었습니다.

"대왕님 안 되겠습니다. 저 재난을 처리해야 나라가 편하겠습니다."

"그거 참, 이게 바로 재난이구나. 먹이를 조금 주거나 굶기는 방법은 없을까?"

"먹이를 조금 주면 돼지 소리로 꿀꿀거리며 날뛰고, 굶기면 사람을 해칩니다.

"할 수 없구나. 죽여서 없애도록 하라!"

왕의 명령이 내리자, 사람들은 어미 재난을 성문밖으로 끌어냈습니다. 군사들이 둘러서서 활을 쏘고, 창으로 찔렀습니다. 칼로 베어보기도 했습니다. 화살이나 활이 들어갈 리 없었습니다. 칼자국조차 나지 않았습니다. 쇠바늘을 막고 자란 괴물의 몸은 쇳덩이었습니다.

"대왕님, 저 어미 재앙의 몸뚱이에는 무기가 들어가지 않습니다."

"그렇다면 불로 태워서 죽여라!"

곧 성밖에는 산더미처럼 장작이 쌓였습니다. 장작더미 그 위에 괴물을 올려놓고 불을 질렀습니다. 쇳덩이로 된 괴물의 몸이 벌겋게 달았습니다. 그러나 괴물은 죽지 않았습니다.

사흘 밤낮을 장작불로 태우려 했지만 괴물의 몸은 타지 않았습니다. 그러다가 갑자기 괴물이 불더미에서 뛰쳐나갔습니다.

뻘건 불덩이가 성안으로 내달았습니다. 성문에 불이 붙었습니다. 성안을 한 바퀴 뛰어다녔습니다. 성 안 골목마다 불이 붙었습니다.

"저 불덩어리 괴물을 잡아라! "

군사들이 뒤따르며 외쳤으나 아무도 괴물을 잡지 못했습니다. 불덩이 괴물은 대궐 안으로 뛰어들었습니다. 대궐에 불이 붙었습니다.

다시 불덩이 괴물은 들로 나갔습니다. 들이 온통 불바다가 되었습니다.

숲으로 갔습니다. 숲에 불이 붙었습니다. 시골로 가서 시골 마을을 짓밟았습니다. 마을에 불이 붙었습니다. 전국이 어미 재난이 일으킨 재난에 허덕거렸습니다.

"참으로 공연한 짓을 했다. 재난이 얼마나 무서운 걸 이제야 알았다."

왕은 가슴을 치며 한탄했습니다.

(구잡비유경 두 번째 이야기)

세상의 시작

하나의 세상이 시작되었다가 없어질 때까지를 1겁이라 합니다. 겁이 시작될 때를 '겁초'라 하지요. 이것이 세상의 시작입니다. 겁초의 사람들은 모두 착한 마음뿐이었습니다. 착한 사람들은 몸이 가벼워서 허공을 마음대로 날아다닐 수 있었습니다. 모습이 모두 예뻐서 못난 사람을 볼 수 없었습니다.

이때의 세상 사람에게는 해와 달과 별이 필요치 않았습니다. 반딧불이처럼 자기 몸에서 빛을 낼 수 있었거든요.

날아다니고, 스스로 빛을 내는 사람, 이거다 저거다 분별을 않는 착하고 예쁘기만한 사람들!

겁초에는 이런 사람들만 살았습니다. 세상은 평화로웠지요.

사람들은 먹을 것을 걱정하지 않았습니다. 땅에는 땅젖이 솟았거든요. '지미地味'라고도 불리었던 땅젖은 땅에서 샘솟는 하얀 젖이었습니다. 땅젖은 사탕이나 꿀처럼 달고 향기로웠습니다. 이것을 마시고 사람들은 건강하게 살 수 있었습니다.

그런데, 맛있는 이 땅젖 때문에 욕심이 생겼습니다. 이것이 불행의 씨앗이 된 것이지요.

"맛이 참좋군, 많이 먹어야겠어."

"아니, 내가 더 많이 먹어야 해."

사람들은 땅젖을 손가락 끝으로 찍어 핥으며 젖물이 솟는 샘가에서 떠나지 않았습니다. 배가 불러도 비켜 주지 않았습니다.

"너는 왜 그렇게 많이 먹니?"

"너는 왜 그렇게나 먹어!"

서로 상대방을 욕심꾸러기 식충이로 몰아세웠습니다. 서로 양보하고, 나누어 먹었더면 얼마나 좋았을까요.

욕심을 부려, 음식 때문에 다투게 되자 사람들은 몸이 뚱뚱해지고 무거워졌습니다. 예쁘던 얼굴은 차츰 못난이로 변해갔습니다. 그러자 몸무게 때문에 허공에 날아다닐 수 없게 되었습니다. 못난이가 된 사람들은 서로 상대방을 못생겼다며 흉보았습니다.

더 큰일이 난 것입니다. 몸에서 나던 빛이 없어졌습니다.

"아이구 어두워! 너 때문이야!"

"나 때문이 아니야. 너 때문이지!"

어둠 속에서 서로 다투자 마침 해가 하늘에 나타났습니다. 세상이 밝아지자 사람들은 겨우 마음을 놓고 서로를 바라보았습니다. 빛이 나타나주어 다행이라고 생각했습니다.

해가 서쪽으로 지자 밤이 되고 달과 별이 나타났습니다. 그러나 사람들은 스스로 내던 빛을 잃은 것이 욕심 때문이라는 걸 몰랐습니다.

그런데 더 큰 일이 일어났습니다. 땅에서 젖이 솟던 샘이 말라버린 것입니다.

"이거 어쩌지?"

사람들은 배고픔을 면하기 위해 땀을 흘리며 일을 하게 되었습니다.

(아함경 22권 제4분 세기경 세본연품 1)

비료

두 사람의 상인

대상을 이끄는 두 사람의 상인이 있었습니다. 많은 수레에 상품을 싣고 500리 사막 건너편 나라까지 무역을 나서기로 했습니다.

제1의 상인은 이득에는 밝지만 생각이 깊은 사람은 아니었습니다.

'먼저 출발하는 것이 낫다. 수레자국으로 패어지지 않은 길을 갈 수 있다. 수레를 끄는 소는 싱싱한 풀을 먹을 수 있다.. 그리고 휘젓지 않은 맑은 물을 마실 수가 있다.'

이렇게 생각한 제1의 상인은 50대의 수레, 50명의 상인을 거느리고 앞장을 섰습니다.

한 달이 지나, 제2의 상인이 50대의 수레와 50명 대상을 이끌고 출발했습니다. 며칠이 지나자, 사막에 이르렀습니다.

"모두들 물독에 물을 채워라. 500리 사막을 다 지나갈 때까지 물을 아껴 써라." 하고 슬기가 있는 제2의 상인은 대상들에게 일렀습니다. 대상들은 수레의 물독에 가득 가득 물을 담았습니다. 사막 가운데에 이르렀습니다. 길가에 수많은 물독을 깨어 놓았습니다. 먼저 출발한 대상들의 물독이었습니다.

'어째서 물독을 깨 버렸을까? 이 때문에 낭패를 당하지는 않았을까?' 하고 제2의 상인은 생각했습니다. 사막에 자주 나타난다는 야차에게 속아서 그렇게 됐을지 모른다는 생각을 했습니다.

곧 아름다운 수레를 탄 왕의 행차가 오고 있었습니다. 슬기가 있는 제2의 상인은 저 무리들이 사람을 먹이로 하는 야차일지 모른다는 생각을 했습니다. 상인의 생각 그대로 그것은 사람으로 가장한 야차 왕의 행차였습니다.

야차의 수레와 소는 비에 함빡 젖어 있었습니다. 왕이 들고 있는 연꽃 줄기에도 물방울이 떨어지고 있었습니다. 수레바퀴는 진흙투성이었습니다.

"나는 이웃나라 왕입니다. 벗이여, 어디서 오십니까?"

야차의 왕이 수레를 멈추고 물었습니다.

"바라나시에서 오는 대상이오."

"그런데 저 수레에 실은 것은 무엇이어요?"

"물을 담은 독이지요."

"준비를 잘하셨군요. 그러나 이제부터 그럴 필요는 없어요. 물을 버리세요. 저 앞쪽은 숲이어요. 골짜기에는 물이 넘치게 흐르고 있지요. 보다시피 우리는 비에 함빡 젖으면서 오고 있는 걸요."

야차의 왕은 상인이 곧이듣도록 간교하게 말을 꾸며댔습니다. 그러나 슬기 있는 제2의 상인은 고개를 저었습니다.

"내 눈으로 물이 있는 곳을 보기 전에는 이 물을 버릴 수 없소."

"아니어요. 이 젖은 수레를 보셔요. 비에 젖어 있는 꽃을 보고도 믿지 못하십니까? 나는 여러 대상을 위해서 하는 말입니다."

"그렇더라 해도 내 눈으로 확인하기 전에는 물을 버릴 수 없소. 전방에 비가 오는 게 사실이라면 물기가 있는 바람이 불어 와야 해요. 그런데 이 바람은 조금도 시원하지 않소. 비가 오는 구름이 보이지도 않소. 번갯불과 천둥 소리도 없소. 무엇으로 비가 오는 것을 증명하겠는가?"

대상들도 주인의 말이 옳다는 생각을 하며 물을 버리지 않았습니다.

다시 얼마의 거리를 가자 앞서 가던 수레의 자국이 끊어지고 없었습니다. 사람의 뼈와 소뼈가 흩어져 있고, 빈 수레가 흩어져 있었습니다.

"보아라, 지나간 그 왕의 행차는 야차 귀신 무리였다. 앞서 가던 대상은 야차의 꾐에 넘어가서 물독을 모두 깨어서 버리고 야차의 밥이 되었

어째 젖었소?
싸리의 흠뻑쇼!

구나.”

제2의 상인은 뼈를 모아서 여러 개 무덤을 만들어주고, 그곳을 떠났습니다.

(본생경 첫번째 이야기)

지혜를 당하는 것이 없다

하늘의 왕 제석이 생각했습니다.

'부처님 제자들은 신통력도 대단하고 지혜의 힘도 크시다. 신통력과 지혜의 힘은 어느 쪽이 이길까?'

부처님이 제석의 마음을 알고 있었습니다.

'그래, 신통력과 지혜의 힘을 겨루어 보여 주지.'

부처님은 곧 지혜 제일의 사리불 존자를 불렀습니다.

"사리불 존자는 이번 모임에 오지 않으셨습니다. 수만 리 밖에 계십니다."

SA

제자들이 대답했습니다.

"그래?"

부처님은 신통력 제일의 목련존자를 불렀습니다.

"네가 가서 사리불을 데리고 오너라. 신통력 제일의 목련 네가 아니면 사리불을 데려올 사람이 없다."

"예."

목련은 크게 대답하고 곧 허공을 날았습니다.

수만 리를 잠시 동안에 날아 사리불이 있는 곳에 이르렀습니다. 지혜 제일 사리불 존자는 산꼭대기에 돌로 집을 지어 놓고 들어앉아서 떨어진 가사를 꿰매고 있었습니다.

신통 제일 목련이 합장을 하고 지혜 제일 사리불에게 말했습니다.

"지금 부처님이 아뇩달못 가에서 스님을 찾고 계십니다. 속히 떠납시다."

사리불은 바늘귀를 다시 꿰면서

"기다리십시오. 이 가사를 다 기워 놓고 갑시다." 하고 서두르지 않았습니다. 한참 기다리던 목련이 말했습니다.

"빨리 갑시다. 서두르지 않으시면 제가 신통력으로 스님과 이 돌집과 산을 모두 손바닥에 얹고 날아가겠어요."

그러자 사리불이 웃으며 말했습니다.

"허허허, 그럼 스님이 이 허리띠를 땅에 떼어 보세요. 이건 지혜의 힘으로 놓아 둔 허리띠여요."

사리불은 허리띠를 풀어서 땅에 놓아두고 있었습니다.

목련은 이것쯤이야 하고 땅에 있는 허리띠를 잡아당겼습니다. 허리띠는 땅에서 떨어지지 않았습니다.

"땅에 있는 허리띠 하나도 들지 못하면서 이 산과 돌집을 어떻게 들고 간단 말이어요."

사리불은 또 한번 허허 웃었습니다.

망신을 당한 목련은 그만 돌아가기로 하였습니다.

'부처님께 가서 저 고집통이 어정대면서 오지 않으려 하더라고 일러바쳐야지.' 하고 생각했습니다.

그런데 아녹달못 가에 와서 보니 사리불은 앞서 와 있었습니다.

"목련 존자가 이제 오시네. 신통력으로 허공을 날아오시느라 수고하셨어요. 나는 지혜의 힘으로 허공을 날지 않고 먼저 왔지요."

제자들은 이 광경을 보고 지혜의 힘이 신통력을 이긴다는 것을 알았습니다.

(잡비유경10번째 이야기)

슬기로운 며느리

사위국 바사닉왕의 신하인 리기미 대감이 일곱째 막내 며느리를 구하고 있었습니다. 친구 되는 바라문을 만나서 부탁을 했습니다.

"자네는 여러 나라를 돌아다니지 않는가. 내 막내아들 짝 하나 구해주게. 지혜롭고 착하고 모습이 단정하면 되네."

이 말을 듣고 친구 바라문은 말했습니다.

"그러한 아가씨라면 문화의 고장인 탁실라에 가서 골라야겠네."

리기미 대감의 부탁을 받은 바라문은 탁실라로 갔습니다.

탁실라에 이르러 아가씨들이 있는 곳만 찾아다녔습니다.

한 곳에 이르니 500명의 처녀들이 모여 놀이를 하고 있었습니다. 물을 건너 꽃을 꺾어 와서 장식품을 만들기도 했습니다. 바라문은 그 중 비사리라는 행동이 남다른 한 아가씨를 자세히 살폈습니다.

다른 아가씨들은 모두 신을 벗고 물에 들어가는데 비사리만은 신을 신고 들어갔습니다. 다른 아가씨들은 모두 나무에 올라가 꽃을 꺾는데 비사리만은 낮은 곳에 있는 꽃을 꺾어 꽃다발을 만드는 것이었습니다.

바라문은 조용히 아가씨에게 연유를 물어보니 비사리는 예쁘게 웃으며 대답했습니다.

"땅에서 다닐 때는 신을 벗고 다녀도 좋아요. 눈으로 볼 수 있어서 나뭇조각이나 돌멩이를 피할 수 있어요. 그렇지만 물속에서는 신을 신어야 합니다. 물 속에는 가시나 독충이 있어요."

바라문은 고개를 끄덕였습니다.

"여자가 나무에 오르는 것도 그렇습니다. 나뭇가지와 가시에 찔릴 수도 있고, 나무에서 떨어져서 다칠 수도 있습니다. 낮은 곳에도 많은 꽃이 있는데 나무에 오를 필요가 없지요."

바라문은 이 처녀의 소견이 바르다는 생각을 했습니다. 이렇게 하여 비사리 아가씨는 리기미 대감의 일곱째 며느리가 되었습니다.

신부집에서 결혼식을 올렸습니다. 딸이 시댁으로 떠나는 아침이었습니다. 신부의 어머니는 딸을 보내며 부탁했습니다.

"부디 좋은 옷만 가려서 입어라. 음식은 맛난 것을 골라서 먹어야 한다. 그리고 날마다 거울에 얼굴을 비추어 봐야 하느니라."

보통 사람이라면 이 말을 잘못 알아들을 수도 있었으나 비사리는 슬기롭게 알아들었습니다. 좋은 옷은 화려한 옷이 아닌 깨끗한 옷이라는 뜻이었습니다.

맛난 음식은 시부모님께 음식을 먼저 차려올리고, 나머지 가족과 하인의 음식을 차례로 차려서 보낸 다음, 마지막으로 배고픈 시간에 먹는 음식을 뜻하는 것이었습니다.

거울에 얼굴을 비추라는 말은 집 안팎을 거울처럼 깨끗이 쓸고 닦아서 얼굴이 비치도록 하라는 가르침이었습니다.

비사리는 생활 여기저기에서 슬기를 보이면서 슬기로운 며느리로 알려지게 되었습니다.

(현우경 32번째 이야기)

1982
김지영

내가 기운 옷만 입고 어르신 남기신
음식만 먹으면서 집 안팎 논과 밭을
거울처럼 쓸고 닦고 일군~
슬기로운 며느리로 알려진
이 땅의 꼬부랑 할머니 랑께!

벌레의 지옥

"지옥을 돌아보는 것도 수행이다."

스님이 행자 한 사람을 데리고 지옥문에 이르렀습니다.

무서운 모습을 하고 지옥문을 지키는 말머리 마두나찰, 쇠머리 우두나찰이 지옥문을 열어주었습니다.

문이 열리자 지옥 죄인들 신음소리가 넘쳐나고 있었습니다.

스님과 행자가 먼저 찾은 곳은 뜨겁기로 이름난 대초열지옥이었습니다.

죄인들은, 구리쇠가 녹아 있는 뜨거운 물에 삶기는 고통을 받고 있었습니다. 구리벌레들이 구리쇠물에 삶기는 사람들에게 달려들어 사람의 살을 뜯어먹고 있었습니다.

"아이 뜨거, 뜨거! 아이 따가, 따가! 아이 아파 아파!"

뜨거운 구리쇠물에 삶기는 지옥 죄인들이 구리벌레에 뜯기면서 몸부림을 치고 있었습니다. 놀랍고 참혹한 광경이었습니다.

다음 지옥으로 옮겨 갔습니다. 몸에 털이 숭숭한 풀쐐기 모양의 벌레가 구물구물 기어다니고 있었습니다.

"나는 기관충機關蟲이라는 지옥 벌레예요."

기어다니는 벌레가 말을 하고 있었습니다. 지옥 벌레가 말을 하는 것은 그들의 전생이 모두 사람이었기 때문이라 했습니다. 벌레를 많이 죽인 죄갚음으로 지옥 벌레가 된 것이라 했습니다.

다음 지옥에는 80종류의 벌레에 뜯기면서 신음 소리를 내는 죄인들이 있었습니다. 전생인 인간 세상에서 큰 죄를 지었다고 했습니다. 몸뚱이에 바글바글 벌레투성이었습니다.

다음 지옥에는 벌레 몸을 받은 죄인들이 바람에 날리면서 소리를 지

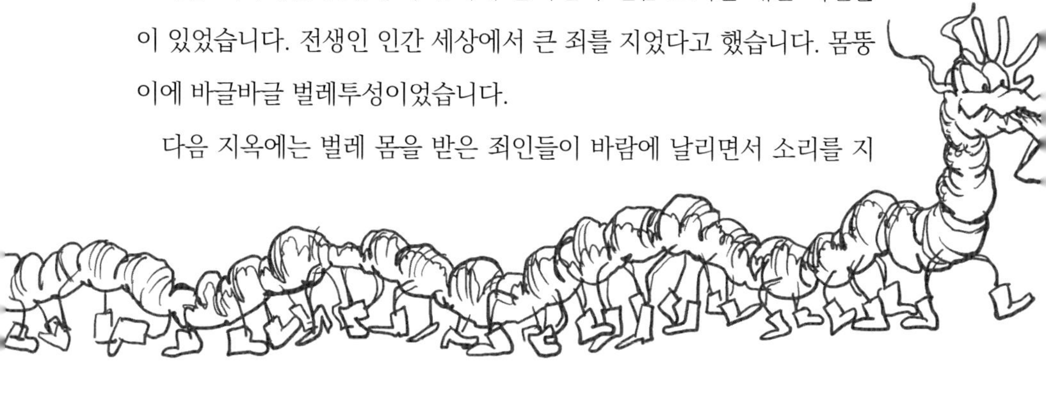

르고 있었습니다.

알고보니 여기는 벌레의 지옥이었습니다. 다음에도, 그다음에도 벌레지옥입니다.

"우리를 백족충百足虫이라 하지요. 100가지 죄를 짓고 이런 벌레의 몸을 받았어요."

벌레가 뉘우치며 하는 말이었습니다.

죄 중에는 부모님께 불효한 죄가 제일 크다고 했습니다.

수많은 지옥에서 수많은 지옥 벌레를 만났습니다.

지옥문을 나오며 스님과 행자는 죄가 무섭고, 지옥이 무섭다는 걸 깊이 느꼈습니다.

(『한글대장경 74』경집부 13, 정법념처경 지옥품)

불을 토하는 지옥 동물

지옥 여행을 마친 스님과 행자가 벌레 지옥만 보았을까요? 지옥을 돌아보는 걸음에 지옥 동물을 보아두기로 했습니다.

지옥에는 대초열지옥이 있고, 초열지옥이 있습니다. 흑승지옥이 있고, 등활지옥이 있습니다. 규환지옥이 있고, 아비지옥이 있지요. 지옥에는 끓는 강물이 흐릅니다. 불줄기가 타오르고, 아우성이 넘치는 지옥에 독수리가 나타납니다. 불꽃 부리로 불을 토하는 지옥의 독수리입니다. 독수리가 끓는 강물 위를 날아다니며 신음하는 죄인을 불꽃 부리로 쪼아댑니다.

불꽃 독수리를 피하면 날카로운 이빨을 가진 불여우가 내달아 죄인을 물어뜯습니다.

다음 지옥에는, 쇠부리를 가진 까마귀입니다. 이 지옥 까마귀는 부리뿐만 아니라 발톱까지 쇠발톱입니다. 그 발톱으로 죄인을 할퀴고, 그 부리로 죄인의 전신을 쪼아댑니다.

다음 지옥에는, 지옥 사자 무리와 지옥 호랑이 무리입니다. 두려움에 떨던 죄인이 기절을 하면, 사자와 호랑이는 죄인을 그대로 삼켜버립니다.

쇠로 된 몸뚱이를 가진 곰이 느릿느릿 움직이는 지옥이 있습니다. 쇠곰이 죄인을 발로 할키고 무거운 몸뚱이로 짓누릅니다.

"아이구, 몸이 터지네. 아이구!"

죄인들은 쇠 몸뚱이 곰에게 짓눌리며 아우성입니다.

불을 토하는 뱀이 죄인의 몸뚱이를 감아서 죄는 지옥이 있습니다.

뜨거운 쇠물 속을 헤엄치던 커다란 물고기가 죄인을 먹어버리는 지옥이 있습니다.

지옥을 날아다니는 악룡은 머리가 1천 개요, 불을 뿜는 입이 1천 개입니다.

눈에서도 불꽃이 뻗고 있습니다.

아비지옥 속에는 지옥새만 모여 사는 악조처惡鳥處라는 곳이 있습니다.수많은 지옥 새는, 죄인을 쪼아서 삼키는 부분이 다릅니다. 어떤 지옥새는 죄인의 머리를 쪼아서 그 해골을 삼킵니다. 어떤 지옥새는 죄인의 목을 쪼아서 삼킵니다. 끔찍하지요.

"저런 참혹한 지옥을 없애야겠습니다."

행자가 물었습니다.

"지옥은 죄인 스스로가 만드는 거다. 죄인이 없어야 지옥이 없어진다."

스님의 말씀이었습니다.

(『한글대장경 74』경집부 13, 정법념처경 지옥품)

3

소도 칭찬을 좋아한다

부처님 발가락에 피를 낸 데바닷다

신통력을 잃은 데바닷다는 고민에 빠졌습니다.

마침내 데바닷다는 부처님 자리를 빼앗기로 했습니다. 그러기 위해서는 부처님을 해치는 수밖에 없었습니다.

데바닷다는 두 사람의 자객에게 갑옷과 칼과 몽둥이를 주며 말했습니다.

"석가모니를 해친 다음, 가던 길로는 말고 다른 길로 돌아오너라."

그리고 다시 네 사람에게 무기를 주며 말했습니다.

"저 두 사람을 따라가다가 두 사람이 일을 마치고 돌아오려 하거든, 죽이고 다른 길로 오너라."

자객의 수를 다음에는 여덟, 열 여섯, 그 다음에는 서른 둘, 그 다음 예순 넷까지 배씩 늘여서 보낸 것은 뒷사람이 앞 사람을 죽여서 누가 부처님을 해친 것인지 알 수 없게 하기 위한 것이었습니다.

먼저 나선 두 사람이 생각했습니다.

"부처님을 해치다니, 그럴 수 없지."

멀리서 부처님을 바라보기만 해도 기쁜 마음이 됩니다. 둘은 칼과 몽둥이를 버리고 나아가 부처님 발 앞에 머리를 숙이고 예배를 올렸습니다.

부처님은 두 사람에게 우바새가 되게 하시고, 삼귀의 법을 설하셨습니다. 헤어지면서 부처님이 이르셨습니다.

"오던 길로도 말고, 돌아가려던 길로도 말고, 그 밖에 다른 길로 가도록 하라. 나는 알고 있다. 그래야, 데바닷다가 보낸 백 스물 여덟 자객이 모두 살게 되느니라."

두 사람의 자객은 부처님이 일러주신 대로 오던 길, 가려던 길이 아닌, 다른 길로 갔기 때문에 탈 없이 돌아갈 수 있었습니다.

두 사람이 살아서 돌아오자 데바닷다가 화를 내었습니다.

두 사람에게 화를 내고 나니 다음 네 사람, 다음 여덟 사람, 열 여섯, 서른 둘, 마지막 예순 넷까지 하나도 죽지 않고 돌아왔습니다.

더욱 화가 난 데바닷다는 영취산에 올라가 큰 돌을 들어, 멀리서 부처님을 향해 던졌습니다. 부처님이 위태로운 걸 본, 한 사람의 하늘사람이 그 돌을 받아서 영취산 산머리에 놓았습니다. 그런데 돌조각 하나가 떨어져 나가 부처님 발가락에 맞았습니다.

부처님 몸에 피를 낸 데바닷다의 죄를 어쩌죠? 계속, 계속 나쁜 짓을 하다가 아비지옥에 떨어질 테지요.

(『한글대장경』93권 율부4.)

노예에서 왕비로

야야달장자는 사위국 서울, 사위성 가까이에 말리동산을 가지고 있었습니다. 착하고 부지런한 여종 황두에게 동산을 관리하도록 했습니다.

부지런한 황두는 동산지기가 된 그날부터 날이 새는 시간에 아침밥을 먹고 점심밥을 싸가지고 장자의 집을 나섰습니다. 일을 하다가 동산에서 점심을 먹고 다시 일을 시작했습니다.

황두는 동산에다 예쁜 화초를 심고, 꽃나무를 심었습니다. 푸른 나무를 잘 가꾸어 꽃과 그늘이 좋은 동산이 되었습니다.

어느 날 아침 황두는, 장자의 집에서 자기 몫으로 나누어주는 점심밥을 가지고 말리동산으로 가고 있었습니다. 때마침 어떤 도인이 바루를 들고 걸식을 하고 있었습니다.

'내가 가지고 가는 이 밥을 저 스님께 드리자.'

황두는 바삐 가서, 가지고 온 밥 절반을 도인에게 나누어 드렸습니다. 그러고 배고픈걸 조금, 참았습니다.

며칠 뒤 몹시 덥던 어느 날, 건장한 남자 한 사람이 말리동산의 손님으로 나타났습니다

"어서 오십시오, 어르신!"

여자 동산지기 황두는 누구에게나 하듯이 친절히 손님을 맞이했습니다.

자리를 마련해서 앉게 한 다음, 널따란 연잎에다 물을 길러 왔습니다.

"어르신, 목이 마르시지요? 물을 드세요."

손님은 황두가 매우 마음씨 곱고, 아리따운 아가씨라는 생각을 하는 듯했습니다. 모습이 단정하고 예쁘다는 생각도 하는 듯했습니다.

황두는, 더 큰 연잎에 물을 길러 와서 손님의 발을 씻어 주었습니다.

"고단하신데 누워서 쉬시지요."

황두가 씻은 발을 닦아준 다음, 자리를 깔아주며 하는 말이었습니다.

누워 쉬면서 손님이 생각하는 듯했습니다.

'저와같이 친절하고 총명한 여자는 처음 본다.'

그러다가, 손님이 물었습니다.

"아가씨는 뉘집 딸인가?"

"저는 야야달장자를 상전으로 모시는 여종입니다."

"그래?"

누웠던 손님이 그 말에 놀라며 벌떡 일어났습니다.

"나는 사위국 바사닉왕이오. 야야달장자를 만나야겠소."

이리하여 야야달장자의 여종, 황두는 사위국 왕비가 되어 말리부인으로 불리게 되었습니다. 그날 밥을 나눠 드렸던 도인은 부처님이셨대요. 부처님께 공양한 일이 금방 왕비라는 업보로 돌아왔답니다.

(『한글대장경93권』율부4, 사분률)

소도 칭찬을 좋아한다

탁실라 나라에 내기를 좋아하는 바라문과 내기를 좋아하는 장자가 있었습니다. 두 사람이 황소를 길러서 크고 힘센 소가 되었습니다.

'이만하면, 탁실라에서는 우리 소를 당할 소가 없다.'

바라문의 생각이었습니다.

'이만하면, 탁실라에서는 우리 소를 당할 소가 없다.'

장자의 생각이었습니다.

그러다가 바라문과 장자는 내기를 하기로 했습니다.

많은 돈을 걸었습니다. 그리고 수레 열 대에 짐을 싣고 튼튼한 밧줄로 이었습니다.

먼저 바라문의 소 한뿔잡이가 나섰습니다.

“끌어라 끌어라! 우리 한뿔잡이야!”

짐을 실은 수레 열 대가 움찔, 움직였습니다. 그러다가 그만 멈추었습니다.

“그것도 못 끄느냐! 끌어라 끌어!”

바라문이 소리쳤습니다.

“그것도 못 끄느냐! 실망이다 한뿔잡이야. 끌어라 끌어!”

바라문이 또 소리쳤습니다.

그러나 한뿔잡이는 열 대의 수레를 더 끌지 못했습니다.

이번에는 장자의 소 좋은뿔이 나섰습니다.

“끌어라 끌어라! 우리 좋은뿔아!”

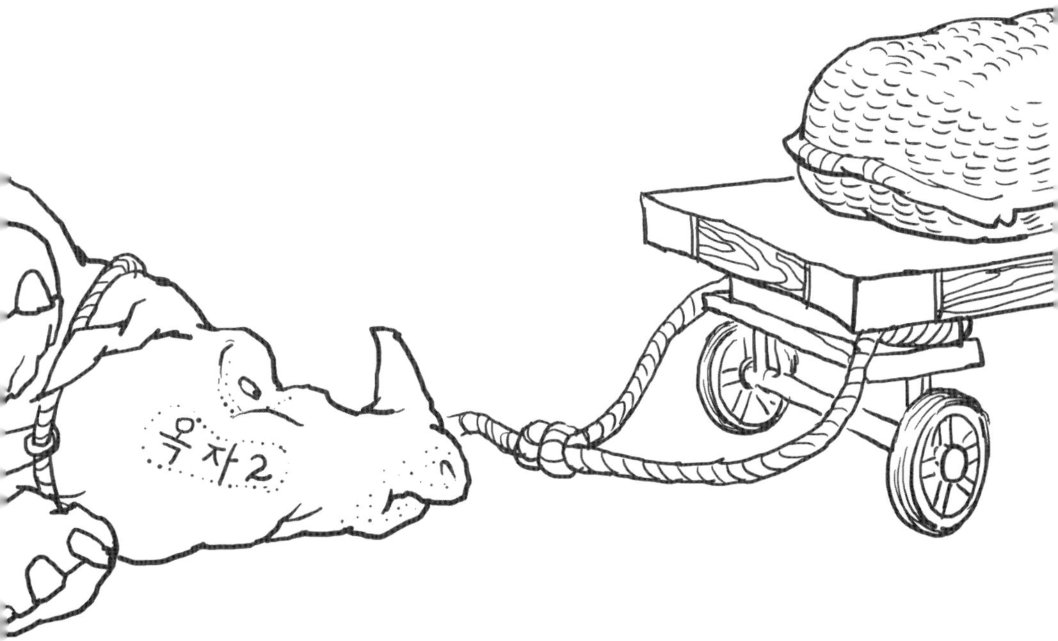

짐을 실은 수레 열 대가 움찔, 움직였습니다. 그러다가 주춤, 멈추었습니다.

"힘세다 우리 좋은뿔 끌어라 끌어!"

바라문이 소리쳤습니다. 그러자 열 대의 수레가 조금 더 움직였습니다.

"잘한다. 좋은뿔! 장하다 좋은뿔! 힘세다 좋은뿔! 끌어라 끌어라!"

열 대의 수레가 소리를 내며 계속 굴렀습니다. 빠르게 멀리까지 굴렀습니다.

탁실라 사람들이 같이 손뼉을 치며 좋은뿔을 응원했습니다.

"좋은뿔 힘세다! 좋은뿔 이겨라!"

그 바람에 좋은뿔은 힘이 부쩍부쩍 솟아, 더 멀리까지 끌었습니다.

칭찬받은 소가 이겼습니다.

(『한글대장경 93권 율부』사분률 제11권)

난타와 부인 손타라

부처님은 고향 가비라성을 방문한 걸음에 이복동생 난타를 구제해야겠다는 생각을 하셨습니다.

부처님이 바루를 들고 아난과 함께 난타의 집으로 걸식을 나섰습니다. 마침 난타는 집에 있었고, 예쁘기로 이름난 난타의 부인 손타라는 눈썹 사이에 향을 바르고 있었습니다.

부처님이 오셨다는 말을 듣고 난타가 나가서 부처님을 맞이하려고 하자, 부인 손타라가 말했습니다.

"내 이마의 화장이 마르기 전에 돌아와야 해요!"

난타가 그러겠다고 말했지만 부처님 바루를 들고 부처님이 머무시는 냐그로다 숲, 냐그로다 정사로 가서 머리를 깎았습니다.

이리하여 억지로 비구 스님이 되기는 했지만 난타의 생각은 언제나 부인 손타라의 예쁜 모습에만 가 있었습니다.

생각만 해도 억울한 일이었습니다.

그러다가 기회가 왔습니다. 부처님이 제자를 데리고 성으로 들어가시고, 난타 혼자서 정사를 지키게 된 것입니다. 부처님은 난타의 마음을 아시고, 몇 개의 병에 물을 채우라고 하셨습니다. 참으로 쉬운 숙제를 주고 떠나신 것이었습니다.

그런데 난타에게는 그것이 여간 어려운 게 아니었습니다. 물을 채운 병이 저절로 넘어지는 것이었습니다. 아무리 해도 모든 병에 물을 채울 수는 없었습니다.

"에라 모르겠다. 그대로 두고, 손타라를 보러 가자."

하고 정사 문을 모두 닫고 떠나려 하는데 닫은 문이 열리는 것이었습

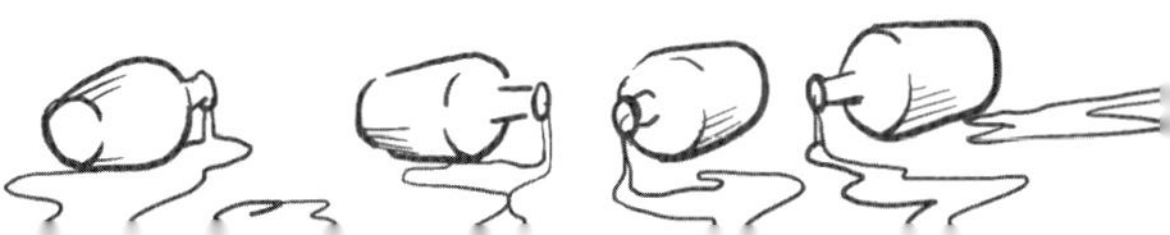

니다. 지게문을 닫으면 큰문이 열리고, 동쪽문을 닫으면 서쪽문이 열립니다.

"에라 모르겠다. 그대로 두고, 손타라를 보러 가자."하고 정사를 나섰습니다. 부처님이 오시는 길을 피해서 다른 길로 달렸습니다.

그런데 부처님이 아시고 난타가 가는 길로 오시는 것이었습니다. 난타는 나무 뒤에 숨었습니다. 그러자 나무의 신이 허공에 나무를 뽑아 올렸습니다. 난타의 모습이 들키고 만 것입니다.

"너는 부인을 잊지 못하는구나."

난타는 부처님 말씀이 원망스러웠습니다.

(『한글대장경196권』 법원주림 제22권 입도편)

난타의 마음 고치기

부처님은, 난타를 이끌고 도리천으로 가셨습니다. 하늘나라 도리천은 우리 세상이 있는 염부제에서 팔만 유순 높이가 되는 수미산 꼭대기에 있습니다. 그 먼 곳도 난타의 손을 잡은 부처님 걸음으로는 한 걸음이었습니다.

부처님은 난타에게 도리천의 서른 세 궁전을 보여주고, 한복판의 궁전 선견성을 보여주셨습니다. 표현이 안 될만큼 화려한 궁전이었습니다.

다시 하늘나라의 여자, 천녀의 모습을 보여주셨습니다. 말로는 표현이 안 될만치 예뻤습니다. 손타라는 여기에 견줄 수가 없었습니다.

궁전마다 왕이 있었습니다. 그런데, 한 곳은 왕의 자리가 비어 있고 5백 명 천녀들이 지키고 있었습니다. 궁금해진 난타가 물어보았습니다.

"부처님께는 난타라는 아우님이 있어요. 스님 되신 인연으로 목숨이 다하면 이 하늘 궁전의 왕이 되실 겁니다. 빈자리 여기는 그 분이 오실 곳입니다."

그러자 난타는, 자기가 바로 난타라며 그자리에 앉으려 했습니다.

"여기는 하늘나라예요. 인간 세상에서 인연이 끝나야 오실 수 있어요."

천녀들이 말렸습니다.

난타는 하늘나라에 자기 자리가 마련되어 있다는 것이 아주 기뻤습니다.

다음으로 부처님은, 난타를 데리고 지옥으로 가셨습니다.

아우성이 넘치는 화탕지옥에는 죄인들이 끓는 물 속에 삶기면서 소리치고 있었습니다. 그런데 끓고 있는 화탕 한 곳이 비어 있었습니다.

난타가 옥졸에게 물었습니다.

“이 끓는 화탕은 어째서 비어 있지요?”

옥졸이 말했습나다.

"부처님의 동생에 난타라는 말썽장이가 있지요. 비구가 되었지만 부인이 보고 싶어 계를 어기려 한답니다. 그 죄로 지옥에 떨어지면 죄를 다스리기 위해 물을 끓이고 있는 거예요.”

그 말에 깜짝 놀란 난타가 부처님께 합장을 하며 빌었습니다.

“부처님! 저는 천상은 바라지 않습니다. 저 화탕지옥만 면하게 해 주십시오!”

큰일 났다는 생각을 하며 열심히 도를 닦은 난타는 이레 만에 아라한이 되었대요.

(『한글대장경196권』 법원주림 제22권 입도편)

전생의 뼈 무더기

복증 할아버지는 100살에 비구스님이 된 것이 매우 기뻤습니다.

복증 비구를 가르치는 스승은 신통제일 목련존자였습니다. 그러나 그는 마음에 맞지 않는다며 젊은 스님들과 자주 다투었습니다.

목련은 복증 비구를 데리고 산에 올라갔습니다. 뼈로 된 산이었습니다.

"높지요? 이 뼈산은 복증 비구의 전생의 뼈무더기입니다."

복증은 너무 놀라서 불쑥, 머리털이 솟는 듯한 느낌을 받았습니다.

"스승님. 지금 저의 심장이 찢어질 것 같습니다. 이 뼈산이 저의 전생의 뼈무더기라면 그 내력을 말씀해 주십시오."

스승 목련의 이야기는 이러했습니다.

오랜 세월 전에 복증 비구는 왕이었습니다. 그런데 놀이를 너무 즐기는 주착없는 왕이었어요. 그러다가 실수를 했어요."

왕은 크게 뉘우치며 왕의 자리를 버리고 스님이 되었답니다. 그 갚음으로 겨우 지옥을 면하고, 바다의 큰 물고기 마가라의 몸을 받았습니다. 몸길이가 몇 십리나 되는 큰 물고기였습니다.

큰 바람이 몰아치는 날이었습니다. 바다에는 산같은 파도가 일어나고 있었습니다. 마가라는 파도에 휩쓸려오는 물고기를 먹기 위해서 입을 벌리고 있었습니다.

그때, 5백 상인을 태운 큰 배가 파도에 휩쓸려 마가라의 입으로 밀려들어오고 있었습니다. 배에서 외치는 소리가 들려왔습니다.

"나무 관세음보살, 나무 관세음보살…."

'나무 관세음보살이라니?'

마가라는 놀라며 입을 닫아버렸습니다. 마가라는 500 생명을 구했습니다.

스승 목련이 이야기를 이어갔습니다.

"다시 이 뼈산을 보시오. 이것이 마가라의 뼈무더기요. 마가라는 500 생명을 구해준 공덕으로 왕사성 복증 장자의 몸을 받았지요. 100세의 수명을 누리는 것도 그 공덕의 힘입니다. 이제 비구가 되셨으니, 자질구레한 일에는 마음을 두지 말고 큰 도를 이루세요."

"예, 예!" 대답한 100살의 복증 비구는, 지난 잘못을 깨닫고 열심히 도를 닦았습니다. 주착바가지 성품도 말짱하게 가시고, 곧 아라한과를 이루었습니다.

(한글대장경 96권 법원주림 제22권 입도편)

부처님 법은 귀신 무리까지 좋아해

부처님이 열반하시고 백년이 넘어서 부처님 법을 크게 일으킬 왕이 나타났습니다. 공작왕국 아쇼카왕이었습니다.

아쇼카왕은 부처님 법으로 나라를 다스렸습니다. 그러자 천하의 왕과 백성들이 아쇼카를 따르게 되었습니다. 왕 중의 왕이 된 아쇼카왕은 그 힘이 하늘에까지 뻗었습니다. 기어다는 동물, 날아다니는 새, 귀신 무리까지 아쇼카왕을 좋아하며 따르게 되었습니다.

"참으로 좋은 세상이다. 이때에 좋은 일을 해서 공덕을 짓자."

갠지즈강이 시작되는 아뇩달못에 용왕이 나타났습니다.

"아쇼카 대왕님, 우리는 여기서 공작나라 궁궐까지 깨끗한 물을 날라다 드리죠."

용왕은, 히말라야에서 흘러 모인 아뇩달못 깨끗한 물을 왕궁의 식수로 나르기로 했습니다. 날마다 큰 배에 큰 독 열 세개에다 물을 담아 궁전까지 날랐습니다.

아쇼카왕은 고맙다 고맙다, 하면서 히말라야 아뇩달못 값진 물을 받았습니다. 절반은 스님들께 드리고, 나머지는 백성과 궁중에서 썼습니다.

히말라야에 사는 귀신무리가 나섰습니다.

"우리도 때를 맞추어 공덕을 쌓자. 이 산중에서 나는 부드럽고 향기 있는 나무를 잘게 쪼개어, 대중이 식후에 깨끗한 이를 지닐 수 있도록, 이치개를 만들어 대왕의 궁궐에 보내드리자!"

이치개 이름이 '라다'였습니다. 공작 나라 왕궁에는 궁중의 식구들이 1만 6천이요, 공양을 하는 스님네가 6만 대중이었습니다. 이들이 공양을 끝내고 향기의 라다 이치개를 하나씩 집어듭니다.

히말라야산에서 약이 되는 열매, 아아말라카와 아마륵·암라 등을 보내오는 귀신무리도 있었습니다. 과일의 빛깔은 황금빛이요, 세상에서 다시없는 맛과 향기를 지니고 있었습니다.

왕은 고맙다, 고맙다, 하며 보내오는 약과일을 받아서 그 절반은 스님들께 보내고 나머지를 백성과 궁중 사람의 치료에 썼습니다.

"높은 스님들에게 드리십시오." 하고, 수건을 갖춘 법복 다섯 벌씩을 날마다 보내는 이가 있었습니다. 왕은 고맙다, 고맙다, 하며 받아서 높은 스님들께 전했습니다.

(『한글대장경 95권』선견률비바사 제1권 아육왕품)

탕후루

부처님이 보고 싶다

"부처님 법으로 백성을 어루만지니, 세상이 이처럼 평화롭구나. 부처님을 뵈올 수는 없을까? 아니면 부처님을 만나본 이야기라도 들어봤으면……."

그러나 세상에는, 부처님을 본 사람이 없었습니다. 부처님이 열반하신 지 100년이 훨씬 넘었기 때문이었습니다.

아쇼카왕이 바다의 용왕은 부처님을 만났을 거라는 생각을 했습니다. 용왕은 수명이 1겁이라니 틀림없이 부처님을 만났을 거라는 생각이었습니다. 아쇼카 왕은 신하를 용궁에 보내어 용왕을 모셔오게 했습니다.

용왕은 사람으로 모습을 바꾸고 아쇼카왕의 궁전에 나타났습니다.

아쇼카대왕이 거느린 수많은 왕과 많은 신하들과 스님네와 하늘사람과 일반 백성과 야차와 건달바까지 기쁜 맘으로 용왕을 맞았습니다.

아쇼카왕은 용왕을 사자좌에 앉게 했습니다.

아쇼카왕이 자기 몸에 걸었던 영락을 거두어 용왕에게 걸어주며 물었습니다.

"용왕님은 우리 부처님 참모습을 보았을 테지요?"

용왕이 대답했습니다.

"나는 1겁을 살면서 네 분의 부처님을 모셨지요. 마지막이 석가모니 부처님이셨습니다. 그 모습을 보여드리지요."

말을 마치자 용왕은 신통력으로 자기 모습을 부처님 모습으로 바꾸었습니다. 부처님의 서른 두 가지 거룩한 모습인 32상과 여든 가지 잘난 모습인 80종호가 나타났습니다.

귀가 두텁고 귓불이 긴 것도 잘난 모습이었습니다. 정수리가 높고 묘했습니다. 가지런한 눈썹 사이에 희고 부드러운 백호가 오른쪽으로 말려 있었습니다. 백호에서 끊임없이 광명이 비쳤습니다.

용왕은 이레 동안 부처님 모습을 한 채 꼼짝을 않았습니다. 대중은 이레 동안 꼼짝을 않고 부처님 모습을 바라보고 있었습니다.

볼수록 마음이 끌리는 모습이어서 이레가 휘딱 지나간 듯했습니다 그러자 부처님 모습이 완전하게 대중의 가슴에 그려졌습니다. 부처님 모습을 그림으로 그릴 수도 있고, 모습을 이야기할 수도 있게 되었습니다.

이레가 지나자 용왕은, 바다로 돌아갔습니다.

(『한글대장경 95권』선견률비바사 제1권 아육왕품)

누구나 다 알지만 잘 안읽은 이야기

팔만대장경 8

펴낸 곳 | 도서출판 솔바람
펴낸이 | 이동출
기획한이 | 형난옥
엮은이 | 신현득
그림그린이 | 송교성
편집 | 김용란
디자인 | 김용아
초판 1쇄 인쇄 | 2023년 6월 10일
초판 1쇄 발행 | 2023년 6월 15일
등록일 | 제5-191호 1989.07.04
주소 | 서울시 종로구 삼봉로 81 두산위브 파빌리온 1231호
전화 | 02- 720- 0824 팩스 | 02- 391- 1598

ISBN 978-89-85760-71-3
ISBN 978-89-85760-90-4 74220 (세트)